目 录

第 1 章

1 | 练习

练习 1：测试你的好笑度 / 2

练习 2：成功愿景 / 6

练习 3：准备好你的喜剧创作练习册 / 8

练习 4：晨间写作 / 8

练习 5：报名上台 / 8

练习 6：从怯场到救场 / 9

练习 7：找到你的喜剧伙伴 / 9

练习 8：找到你的真实话题 / 10

练习 9：选择三个最佳话题 / 12

练习 10：绘制思维导图 / 13

练习 11：用态度处理话题 / 18

练习 12：在段子中加入呈现 / 18

练习 13：整理半成品段子 / 19

练习 14：在呈现中加入无实物表演 / 19

练习 15：用三项列表写反转 / 19

练习 16：为你的话题写反转 / 21

练习 17：从梗开始写反转 / 23

练习 18：练习混合流程 / 24

练习 19：混合——从家人身上找笑点 / 25
练习 20：用混合扩展段子 / 27
练习 21：研究专业演员 / 28
练习 22：前提——化严肃为好笑 / 30
练习 23：修改铺垫 / 31
练习 24：增加结尾标签和过渡 / 31
练习 25：检查和修改段子 / 32
练习 26：写出爆笑开场 / 33
练习 27：回收笑点，精彩结尾 / 34
练习 28：准备好——列表的乐趣 / 36
练习 29：组织段子顺序表 / 37
练习 30：记牢演出内容 / 37
练习 31：探索你的喜剧人格 / 37
练习 32：与观众互动 / 39
练习 33：准备反击捣乱者 / 39
练习 34：精确计时 / 40
练习 35：计算笑声次数 / 40
练习 36：修改演出内容 / 41
练习 37：救场段子 / 41
练习 38：自嘲式开场 / 42
练习 39：对半混搭 / 43
练习 40：对比段子 / 44
练习 41：对话段子 / 47
练习 42：时事段子 / 48
练习 43：加入名人模仿秀 / 49
练习 44：观察式段子 / 50
练习 45：在台上即兴创作 / 51

练习 46：不情愿的承认 / 51
练习 47：术语歪解 / 55
练习 48：烦人的缩略词 / 56

第 ② 章

57 | 按话题分类的半成品段子

话题 1 / 58
话题 2 / 61
话题 3 / 66
话题 4 / 71
话题 5 / 76
话题 6 / 79
话题 7 / 86
话题 8 / 91
话题 9 / 96
话题 10 / 99

第 ③ 章

105 | 我的演出内容：成品段子块

段子块 1 / 106
段子块 2 / 109
段子块 3 / 112
段子块 4 / 115
段子块 5 / 118
段子块 6 / 121

段子块 7 / 124
段子块 8 / 127
段子块 9 / 130
段子块 10 / 133

第 ④ 章

137 | 段子顺序表

时长 3 分钟 / 138
时长 5 分钟 / 139
时长 10 分钟 / 140
时长 15 分钟 / 141
时长 30 分钟 / 142
时长 60 分钟 / 144
全干净段子 / 147
主题活动 / 148

第 ⑤ 章

151 | 晨间写作

晨间写作：连续 31 天保持不中断 / 152

如何使用本练习册

你手中捧着一个装有你所有想法的容器，这些想法有好有坏，有聪明的也有愚蠢的。记录下所有内容，因为有时即使是最愚蠢的想法，经过打磨也会变成精美的脱口秀珍宝。

友情提示：

1. 使用本练习册做练习时，请参考《脱口秀演员的48项修炼》，获取详细说明。

2. 每天早上至少用10分钟进行你的"晨间写作"。也可以用这段时间把手机上前一天录下的内容整理为文本。

3. 每天至少做一个练习。

4. 当你的段子初步成型时，根据段子的话题将它们复制到本练习册中的"按话题分类的半成品段子"部分，也可以直接在此处修改重写它们。

5. 当你的半成品段子已可用于上台表演时，将它们转移到本练习册中的"我的演出内容：成品段子块"部分。

6. 请在每个章节开始处贴一张便利贴，以便轻松找到相应位置。

第 1 章
练习

做每一个练习时，请参考《脱口秀演员的 48 项修炼》相应内容，获取详细说明。

练习 1：测试你的好笑度

1. 写三项列表的第三项笑点（反转）

   给以下的铺垫写笑点：有三种东西在原子弹爆炸中也能幸存下来：病毒、蟑螂，还有……

   列举三个好笑的答案。

   a. _____

   b. _____

   c. _____

2. 为图片配台词

   为这幅图片写两条好笑的台词。

   a. _____

   b. _____

3. 好笑的对话（呈现）

你妈妈说："你就穿成这样出门见人吗？"

写两种机智的回应。

a. _____

_____

b. _____

_____

4. 观点（混合）

补完以下的铺垫：写字的笔和恋爱很像，因为……

列举五个例子。

a. _____

b. _____

c. _____

d. _____

e. _____

5. 自嘲（反向思考）

我很胖。但是胖也有一些好处……

列举三条好笑的身为胖子的好处。

a. _____

b. _____

c. _____

6. 缩写段子（一句话段子）

KFC（肯德基，完整拼写形式为 Kentucky Fried Chicken）、CPA（注册会计师，完整拼写形式为 Certified Practising Accountant）和 VIP（贵宾，完整拼写形式为 Very Important Person）实际上是 _____ 的缩写。

为这些缩写词写出好笑的曲解方式。

KFC：_____

CPA：_____

VIP：_____

再写一条你自己的缩写词曲解段子。

_____

_____

_____

_____

7. 时事幽默（对比式段子）

"我妈妈和美国总统有一些共同点，他们都……"

写两条好笑的后续。

a. _____

_____

_____

b. _____

_____

_____

8. 家庭段子

"我爸这人很奇怪,他……"

写两个好笑的特点。

a. _____

_____

_____

b. _____

_____

_____

9. 宗教段子

"昨晚,神给了我启示,祂说……"

呈现神是如何给你启示的。①

_____

_____

_____

_____

_____

10. 关于性的段子

"只有我一个人觉得当对方说 _____ 的时候会很破坏气氛吗?"

写两条好笑的对方说的话。

a. _____

---

① 关于第9项和第10项,读者可在实践中酌情替换为其他内容。——编者注

b. _____

你的好笑度得分测试结果

你写了多少条段子或答案？_____

查看《脱口秀演员的 48 项修炼》中本练习的结果说明，了解你当前的好笑程度。

练习 2：成功愿景

1. 想象这个场景……

闭上眼睛，想象你已经获得了自己想要的脱口秀职业生涯，想象你已经获得了成功。

- 成功的景象是什么样的？
_____
_____

- 你感觉如何？
_____
_____

- 你身边有哪些人？
  _____
  _____

- 在你成功的时刻，你内心最真实的想法到底是什么？
  _____
  _____

2. 花 10 分钟时间写下你的成功愿景。
   _____
   _____
   _____
   _____

3. 写一个你要在一年内达成的目标。
   _____
   _____
   _____

4. 把这个目标写在你的日历上，就在一年后的那一天。
   _____
   _____
   _____

5. 做出承诺！

不要把你的成功计划秘而不宣，告诉身边的人或加入脱口秀爱好者社群。

练习3：准备好你的喜剧创作练习册

使用此练习册时，请在每个章节开始处贴一张便利贴，以便轻松找到相应位置。

练习4：晨间写作

早晨起床喝咖啡之前，先开始写！把所有东西都记录下来，包括你的观察、想法和梦境。晨间写作的目标不是搞高雅艺术，而是获得更清晰的头脑、更好的想法和避免焦虑。从现在开始！

练习5：报名上台

搜索你所在地区的开放麦场所。

你第一次上台演出的日期和时间：

地点：

你要在台上讲几分钟？

练习 6：从怯场到救场

写出你最害怕在演出中出现的三种状况。

1. _____
2. _____
3. _____

想象你害怕的状况正在发生的情景，然后写出三个在你忘词的时候可以使用的救场段子。

1. _____
2. _____
3. _____

练习 7：找到你的喜剧伙伴

1. 在脱口秀演员聚集的平台的社交页面上发文，要详细描述你想要与什么样的喜剧伙伴合作。
2. 创建一个可能成为优秀喜剧伙伴的目标人群列表，包括他们的姓名、电话号码和电子邮箱。
3. 记录下你和他们每个人的初步信息沟通结果。
4. 记录下你和他们每个人见面或进行视频聊天的日期，以及会面沟通的结果。
5. 确保你们俩都为上台演出报名了。

姓名	见面日期	沟通结果

练习 8：找到你的真实话题

工作或职业：列出你曾经或正在从事的职业。

1. _____
2. _____
3. _____
4. _____
5. _____

人生阶段：列出你现在可以写的人生阶段。（可参考《脱口秀演员的 48 项修炼》中的人生阶段列表。）

1. _____
2. _____
3. _____
4. _____
5. _____

感情状况：你的感情状况如何？（可参考《脱口秀演员的 48 项修炼》中的感情状况列表。）

_____

_____

_____

_____

_____

少数群体：列出你所属的任何少数群体或被误解的群体。

1. _____
2. _____
3. _____
4. _____
5. _____

成长经历：写出你成长经历中不寻常的五件事。

1. _____
2. _____
3. _____
4. _____
5. _____

离水之鱼：你在哪些方面明显是"离水之鱼"（与环境格格不入）？

1. _____

2. _____

3. _____

4. _____

5. _____

文化传统：写下你的信仰、民族和/或籍贯。

1. _____

2. _____

3. _____

练习 9：选择三个最佳话题

1. _____

2. _____

3. _____

查阅你的晨间写作文档，看看你有没有开始写你选择的这些话题。也许你已经有一个段子了。把你发泄情绪的结果中任何好笑的东西和关于上面三个最佳话题的内容都移动到本练习册的第 2 章"按话题分类的半成品段子"中。

练习10：绘制思维导图

话题1	话题2	话题3
子话题1	子话题1	子话题1
子话题2	子话题2	子话题2
子话题3	子话题3	子话题3
子话题4	子话题4	子话题4
子话题5	子话题5	子话题5

把你最好的三个话题写在表格的首行。然后在每个话题下列出五个关于该话题的困难、奇怪、可怕或愚蠢的子话题。现在在下图的泡泡中填写内容，制成三个独立的思维导图。（请阅读《脱口秀演员的48项修炼》相应内容，获取详细说明。）

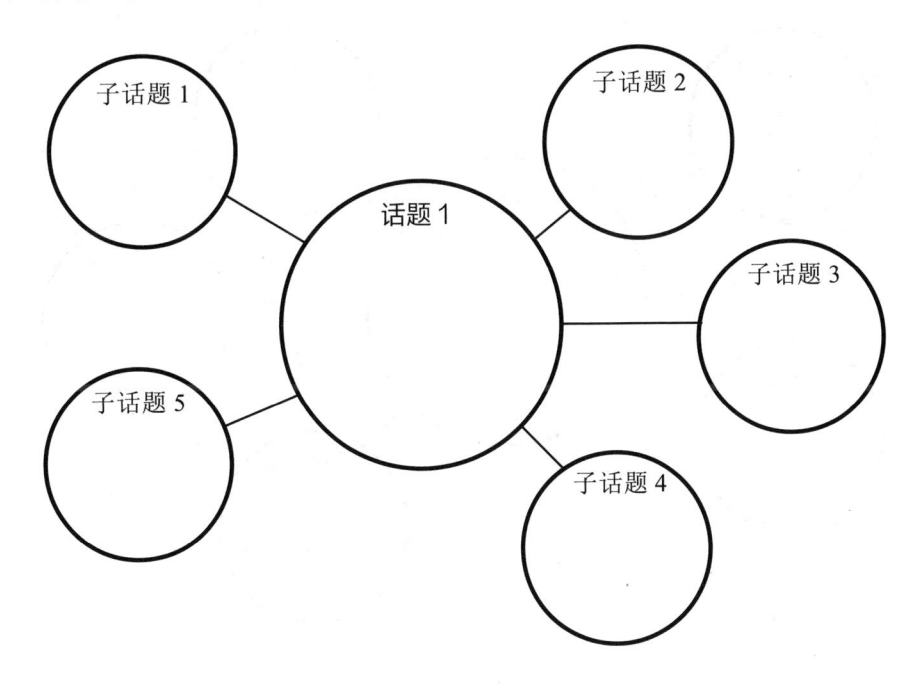

话题 2

- 子话题 1
- 子话题 2
- 子话题 3
- 子话题 4
- 子话题 5

话题 3

- 子话题 1
- 子话题 2
- 子话题 3
- 子话题 4
- 子话题 5

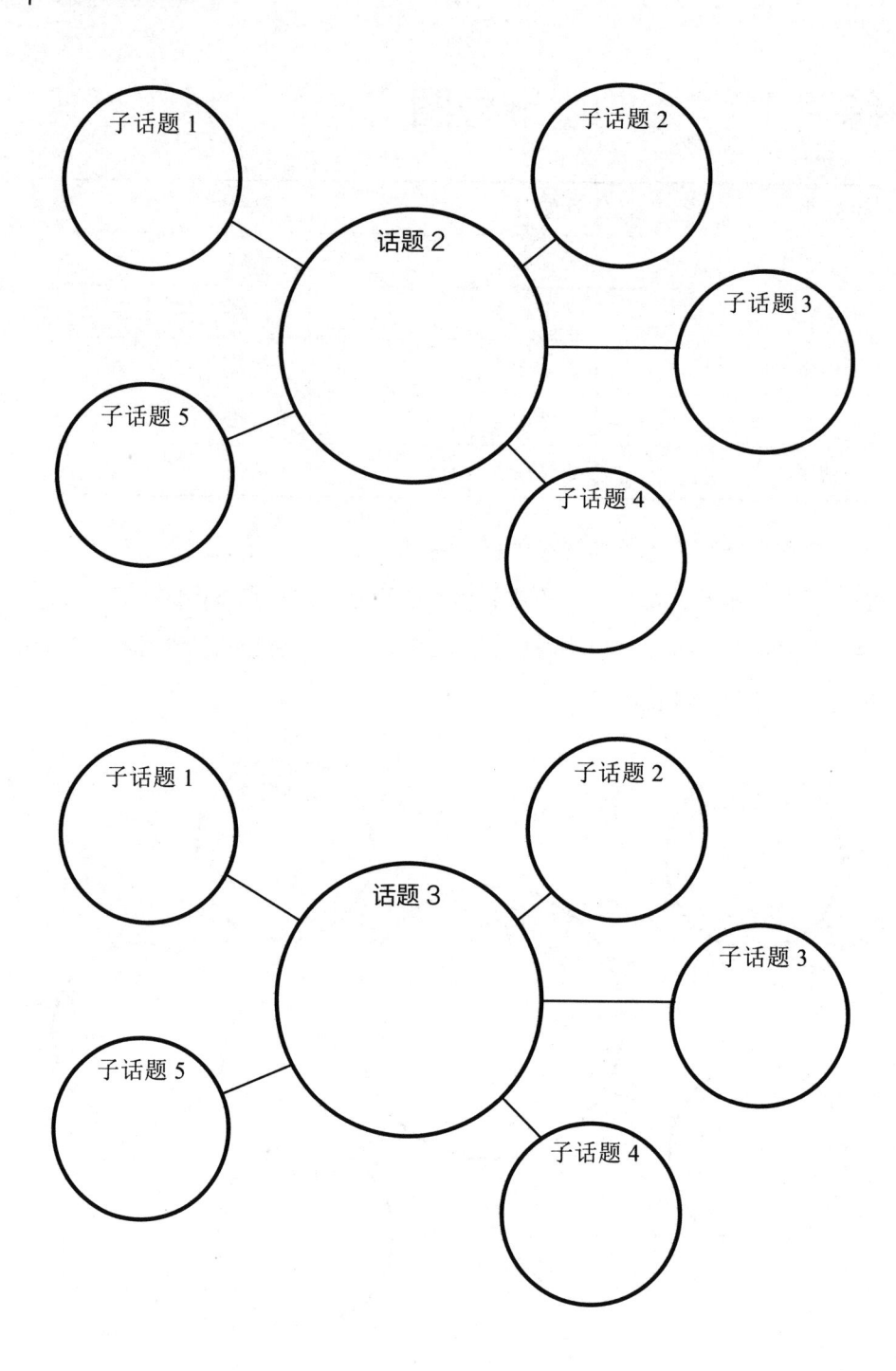

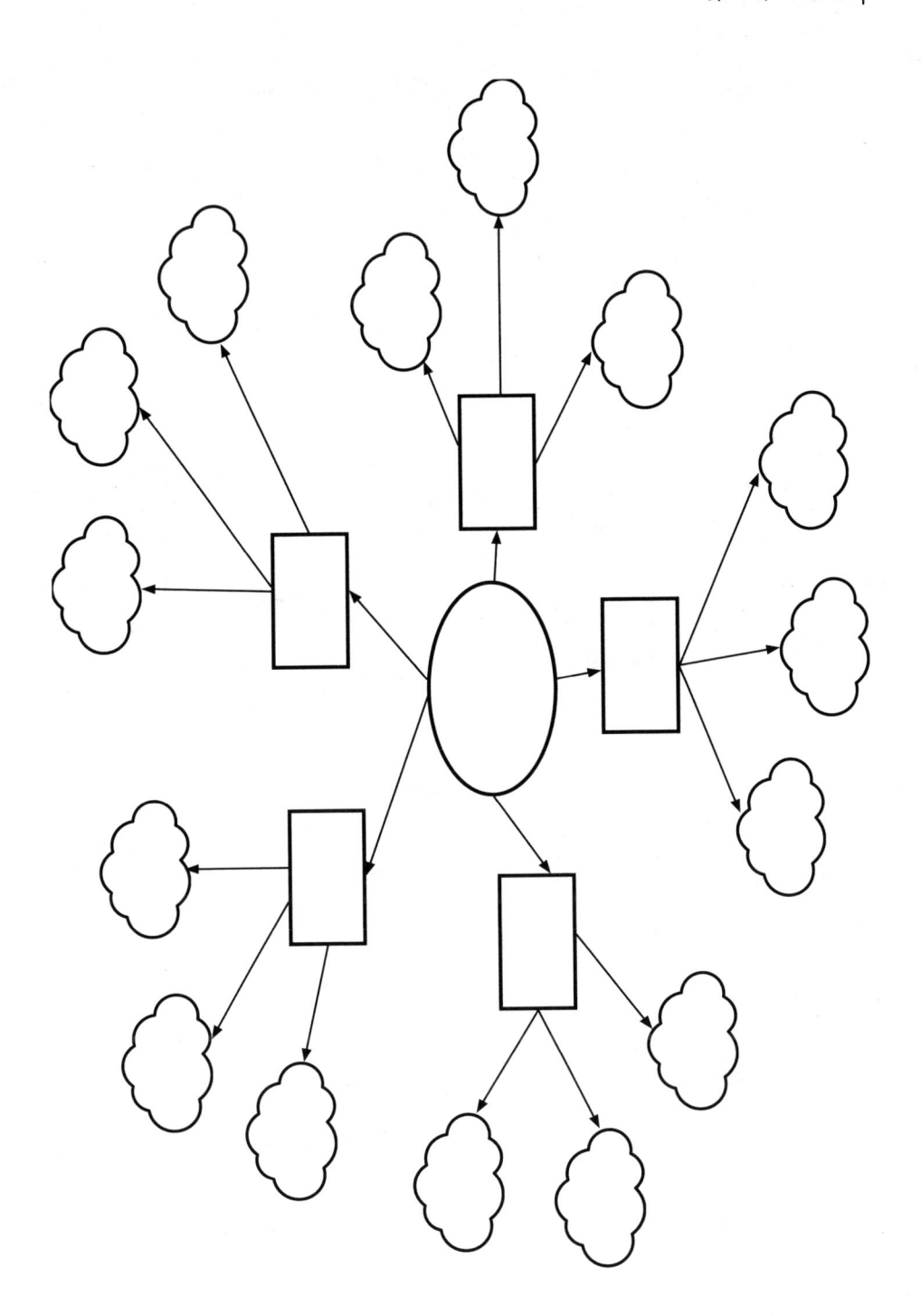

16 | 喜剧创作练习册

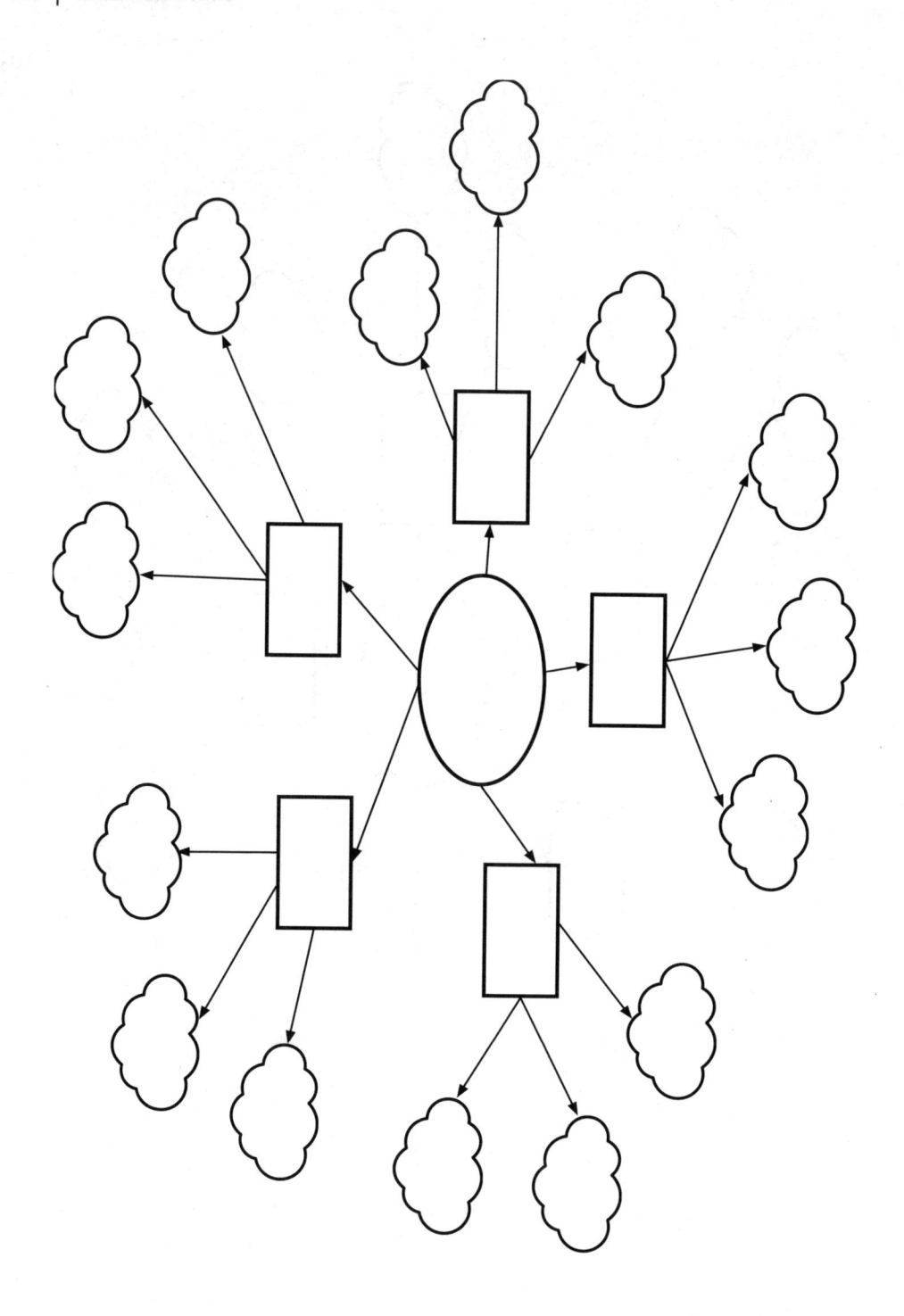

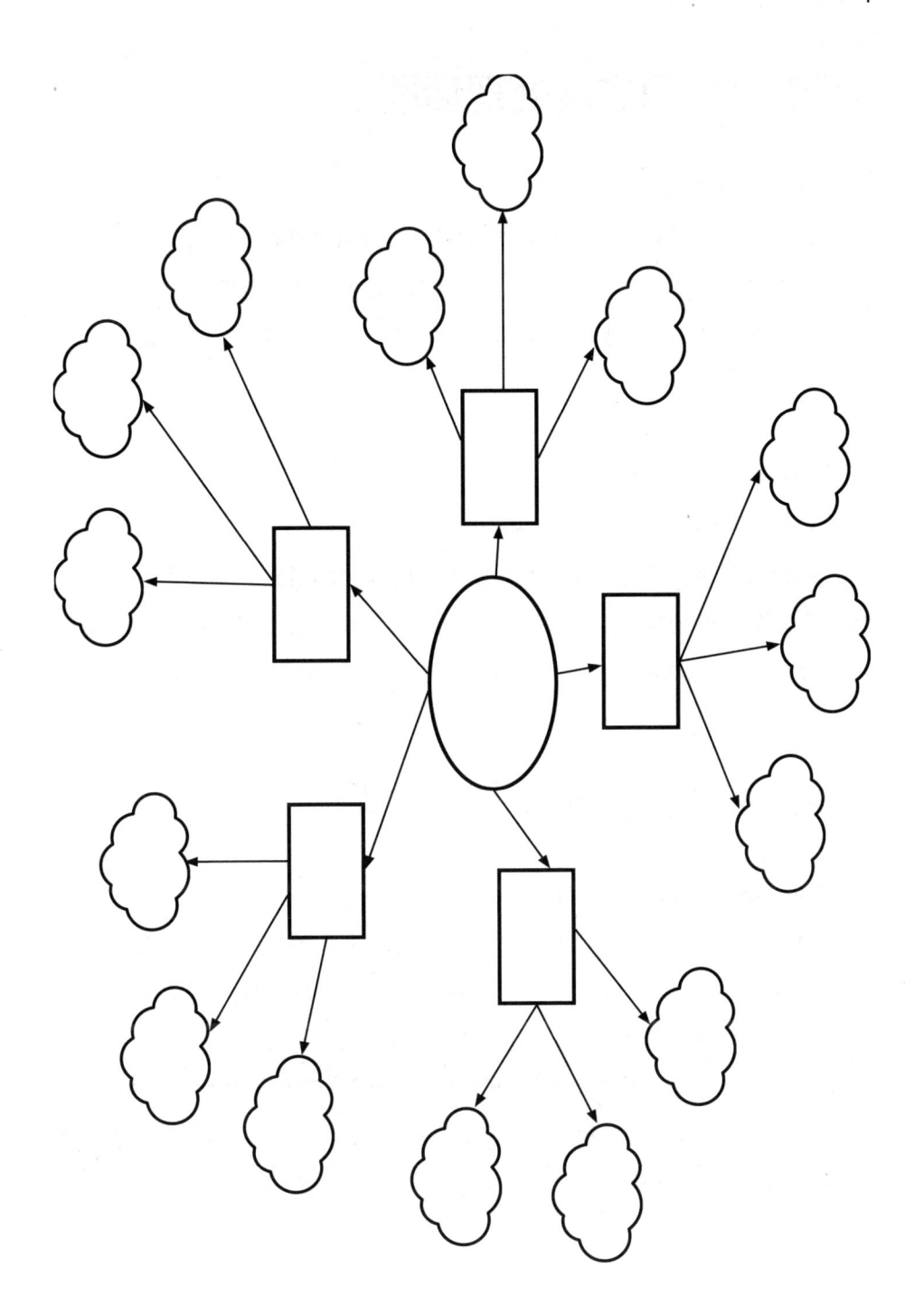

练习 11：用态度处理话题

【伙】喜剧伙伴合作练习

把你的主要话题、子话题和微话题大纲给你的喜剧伙伴。

你的喜剧伙伴坐着，你站着，让你的喜剧伙伴随机选择一个你的话题，然后设置一个计时器，你要开始针对这个话题尽情发泄一分钟，说：

- 这个话题很困难，因为……
- 这个话题很奇怪，因为……
- 这个话题很可怕，因为……
- 这个话题很愚蠢，因为……

你也可以用问句来表达："你知道（插入你的话题）奇怪之处在哪儿吗？"把你得到的所有素材整理添加到本练习册的第 2 章"按话题分类的半成品段子"中。通过本练习你应该整理出 10～30 个段子的雏形。

练习 12：在段子中加入呈现

【伙】喜剧伙伴合作练习

根据《脱口秀演员的 48 项修炼》中的要求，做呈现练习环节一和呈现练习环节二。然后试着把你思维导图中的每个话题都导向一个呈现。

> 当你的情感宣泄转化为段子时，把它们复制到本练习册第 2 章的"按话题分类的半成品段子"中。把这些段子修改打磨好后，再转移到"我的演出内容：成品段子块"中。

练习 13：整理半成品段子

把一些你正在修改的内容从"晨间写作"和"练习"部分移动到本练习册的第 2 章"按话题分类的半成品段子"中。

练习 14：在呈现中加入无实物表演

【伙】喜剧伙伴合作练习

使用"按话题分类的半成品段子"部分中的段子,排练你的无实物表演,直到你已非常熟练。你需要能够在呈现迷你场景的同时自然地讲话。与你的喜剧伙伴一起反复试验你的呈现方式,直到这些呈现令人感觉舒适和自然。

练习 15：用三项列表写反转

下面已有作为铺垫的前两项,练习完成这个三项列表。

感情关系太难了。有三个微妙的线索可以证明你们的关系已经结束了：

当你说话时,他不认真听。

你们不经常去外面餐厅吃饭了。

还有……

有什么超级明显的线索证明你们已经分手了?

_____

_____

现在，重写它，并让这个答案更加明显。（参考《脱口秀演员的48项修炼》中的例子。）

_____

_____

然后继续推进，让答案更加明显和极端。

_____

_____

_____

创建多个关于"没前途的工作"话题的三项列表。

工作太难了。有三个微妙线索可以发现你的工作没前途：

小或微妙的线索：

小或微妙的线索：

大或明显的线索：

> 将你的答案发到喜剧演员聚集的网站以获得反馈，并查看其他对脱口秀充满热情的演员是怎么回答的。

三项列表：明显—明显—奇怪

现在我们用另一种三项列表来练习：明显—明显—奇怪。

破产这件事忽然就发生在你身上，太可怕了。有三个迹象表明你破产了……

写两个不好笑的（明显的）表明你已破产的标志（因为铺垫总是不好笑）。

1. _____

2. _____

下一个三项列表练习，使用明显—明显—奇怪方式。

以下是你要使用的铺垫：

"意识到自己已经喝酒上瘾是很可怕的。你知道该戒酒了，当你……"

前两项要小或微妙。不要试图搞笑，只要写出两个让你怀疑自己该戒酒的微妙迹象。

1. _____

2. _____

现在，在第三项中，让你的想法自由发散，想一个极端的你需要戒酒的理由。然后再将这个理由提升几个层次，达到奇怪的程度。写出尽可能多的不同理由。

3. _____
   _____
   _____
   _____

你写出的是类似下面这种答案吗？

"当你周末晚上喝完酒，早上醒来的时候，发现已经是下周三的早上了。"

练习 16：为你的话题写反转

在练习 8、练习 9 中找到的话题里选择一部分，增加三项列表。例如，如果你的话题之一是"被粗心的父母抚养长大",那就写一个这样的铺垫:"被粗心的父母抚养长大是很难的。有三个微妙的线索证明你的父母过于粗心了……"

写两个微妙的线索,然后写第三个疯狂或奇怪的线索,说明你的父母过于粗心。尝试在这个列表后面接一个呈现。

写铺垫

你的话题是(困难的、奇怪的、可怕的、愚蠢的)。有三个微妙的线索证明你的话题……

铺垫1

线索1(微妙):

线索2(微妙):

线索3(明显):

使用另外两个话题重复此练习过程。

铺垫2

线索1(微妙):

线索2(微妙):

线索3(明显):

铺垫3

线索1(微妙):

线索2(微妙):

线索3(明显):

现在写一个反转,但是要从给定的笑点"我和我老公/老婆离婚了!"开始,写出可以与其形成反转的铺垫。

铺垫:

笑点:"我和我老公/老婆离婚了!"

> 在你写出的三项列表段子中,至少选择三个段子,放到"按话题分类的半成品段子"中,要注意放到正确的话题分类下。

练习 17:从梗开始写反转

查看你练习册的"按话题分类的半成品段子"部分,或你的情感发泄记录。你向观众提供了哪些信息?比如:

"我很高兴来到这里!"

这是脱口秀演员经常会对观众说的话,但吉姆·杰弗里斯(Jim Jefferies)把它变成了一个梗。

"我孩子最近刚出生……所以我很高兴来到这里(不用在家照顾孩子了)!"

在下面写出你想要给观众的信息,例如:

我刚刚减肥成功,我现在单身,我来自阿肯色州……

给观众的信息:

1. _____

2. _____

3. _____

写出五种不同的铺垫，让你给出的信息变得好笑。

例如："我今晚演出节奏会很慢，因为我来自阿肯色州！"[①]

1. _____
2. _____
3. _____
4. _____
5. _____

> 从现在开始，将任何有好笑潜质的内容从你的"练习"部分移动到"按话题分类的半成品段子"中的相应话题下。

练习 18：练习混合流程

在练习 1 中，你要完成这样一句话："写字的笔和恋爱很像，因为……"写出十项"笔"与"恋爱"的相似之处。

1. _____
2. _____
3. _____

[①] 阿肯色州（Arkansas）为美国南部的一个州，在刻板印象中是保守落后的白人农民居多的"红脖子"州代表，阿肯色人也常被认为是思维缓慢迟钝的人。

4. _____

5. _____

6. _____

7. _____

8. _____

9. _____

10. _____

> 你有什么想法适合做一个混合吗？试一试，看看有没有值得转移到"按话题分类的半成品段子"中的段子，有没有打磨得足够好，值得放进"我的演出内容：成品段子块"中的段子。

练习19：混合——从家人身上找笑点

【伙】喜剧伙伴合作练习

下面有一种可靠的创作方法，可以写出关于家人的混合段子。确保你写的所有东西都是有真实生活基础的。

五步混合法

1. 我的（插入家庭成员，例如，妈妈、爸爸、奶奶）。

2. 加入态度：困难、奇怪、可怕或愚蠢……例如，"和我妈相处很可怕……""我爷爷很奇怪……"

3. 因为……他/她经常非常（插入一种令人不适的性格，例如，以自我为中心、过度乐于助人、暴躁、爱说脏话、尖酸刻薄、忧心忡忡、糊涂）。

4. 做一个夸张的呈现，他/她在一个场景中，与某人交谈，描绘这种令人不适的性格。如果你的母亲非常暴躁，那就把她放在一个场景中，夸大她有多暴躁。

5. 说："你能想象我的（家庭成员）是一个（插入一种具有你描述的令人不适性格的人不太可能从事的职业）吗？"将你这位具有令人不适性格的亲属与不太可能从事的职业的混合呈现出来。

> 如果需要更多示例及详细说明，请参阅《脱口秀演员的48项修炼》中此练习所在章节。

1. 我的……（插入家庭成员）：
2. 加入态度：困难、奇怪、可怕或愚蠢：
3. 因为……（插入一种令人不适的性格）：

———

———

4. 做一个夸张的呈现，他/她在一个场景中，描绘这种令人不适的性格：

———

5. 说："你能想象我的（家庭成员）是一个（插入一种具有你描述的令人不适性格的人不太可能从事的职业）吗？"将你这位具有令人不适性格的亲属与不太可能从事的职业的混合呈现出来：

———

练习 20：用混合扩展段子

【伙】喜剧伙伴合作练习

与你的喜剧伙伴合作，大声朗读你的段子，并在每个段子结束时发问：

- "如果……会怎么样？"
- "这就好比……"
- "你能想象吗，如果……"

与你的喜剧伙伴一起工作至少 30 分钟，为你的段子添加混合。记住，不是每个段子都必须有混合。如果你在 30 个段子中添加了 5 个混合，那就已经很不错了。把它们写下来，并将其中你比较喜欢的那些段子移动到"按话题分类的半成品段子"部分。

当前话题的混合：

> 你的"按话题分类的半成品段子"部分应当有很多段子了。现在让我们把这些段子打磨成能够炸场的脱口秀演出内容,并开始把这些段子转移到本练习册的"我的演出内容:成品段子块"。

练习 21:研究专业演员

观看网上某一位演员的 3 分钟演出,并回答以下问题:

1. 话题和态度分别是什么?
2. 前提是什么?
3. 笑点是什么?

再观看任意一位演员的 3 分钟演出,并回答以下问题:

1. 这位脱口秀演员在 3 分钟内获得了多少次笑声?

演员名:

笑声次数:

2. 平均每分钟有多少次笑声?
3. 两次笑声之间的平均间隔多少秒?

用文字记录下这位演员的一个段子,并回答以下问题:

4．这个段子的铺垫是什么？

演员名：

铺垫内容：

5．铺垫中传达了什么态度/情感？困难、奇怪、可怕、愚蠢？（是直接说出来的还是暗示的？）

6．这个段子的话题是什么？

7．这个段子的前提是什么？

8．关于笑点/笑声：有呈现吗？是否为观众揭示了惊喜或反转？如果有惊喜或反转，具体内容是什么？

9．这位脱口秀演员是否用同一话题讲了其他段子，以该话题构建了一整个段子块的内容？如果答案是肯定的，这位脱口秀演员构建的这个段子块内容包括：

练习 22：前提——化严肃为好笑

【伙】喜剧伙伴合作练习

在这个练习中，我们选用一个并不好笑的话题：葬礼。和你的喜剧伙伴一起，使用四种不同的态度词，并为这四种态度中的每一种提出至少三个有洞察力的前提。（请参考《脱口秀演员的 48 项修炼》中为此练习给出的示例。）

1. 葬礼很困难，因为……（三个前提）

   1a._____

   1b._____

   1c._____

2. 葬礼很奇怪，因为……（三个前提）

   2a._____

   2b._____

   2c._____

3. 葬礼很可怕，因为……（三个前提）

   3a._____

   3b._____

   3c._____

4. 葬礼很愚蠢，因为……（三个前提）

   4a._____

   4b._____

4c._____

接下来，使用你最有潜力的关于葬礼的前提，在后面接一个呈现或反转。如果你的前提扎实，那么呈现就会很容易出彩！把你这样写出的最好的段子放到"按话题分类的半成品段子"部分。

练习 23：修改铺垫

【伙】喜剧伙伴合作练习

运用你学到的有关前提的所有知识，重新检查你的所有段子并重写"按话题分类的半成品段子"部分每个段子的铺垫，确保你的：

- 铺垫有态度。
- 目标理应被取笑。
- 铺垫是合理的。
- 进入段子前提供的背景信息不超过两句话。
- 铺垫为现在时态（"我在那里"而不是"我曾经在那里"）。
- 铺垫尽可能短。
- 铺垫有一个明确的前提。
- 这个前提的观点对观众来说是新鲜的。

练习 24：增加结尾标签和过渡

【伙】喜剧伙伴合作练习

查看本练习册的第 3 章"我的演出内容：成品段子块"。练习将每个段子讲给你的喜剧伙伴，并在每个段子的最后添加一个结尾标签，重复你在铺垫中使用的态度（困难、奇怪、可怕、愚蠢）。在使用态度作为结尾标签过渡到下一个段子之前，你的喜剧伙伴会鼓励你当场即兴为段子追加新内容。也许是另一个呈现、反转、评论，也许是我们迄今为止研究过的任何内容！

你会为在你的段子之间还存在多少好笑的东西感到惊讶的，这些东西蕴含着宝贵的可能性。直到你用尽了所有可能性，真的没法再追加更多的呈现、不同的前提或另一个反转之后，再使用态度词来引出下一个段子。喜剧伙伴要双方互相推动越走越远，提升你们的创作和表演能力，因为这就是成为专业演员所需要的。

练习 25：检查和修改段子

【伙】喜剧伙伴合作练习

与你的喜剧伙伴一起浏览"按话题分类的半成品段子"部分的所有段子。对每一个你很喜欢并想要上台讲出来的段子，使用下面的 11 个步骤进行检查。你的一些段子会在这里被彻底淘汰，而另一些则会成功进入"我的演出内容：成品段子块"部分。

请使用以下 11 个标准，检查你的每一个段子：

1. 你段子的目标是否理应被取笑？
2. 你的铺垫合理吗？
3. 你的铺垫有态度吗？
4. 你的铺垫已经尽可能简短了吗？
5. 你的铺垫是现在时态吗？
6. 你段子里有类似"大家过得好吗"或"这是真事"的废话吗？

7. 你的段子缺乏真实性吗？

8. 你的段子是否包括呈现？

9. 你的段子是否有出乎观众意料的发展？

10. 你的段子是否有明确的前提（陈述观点）？

11. 你喜欢你讲的东西吗？

练习 26：写出爆笑开场

【伙】喜剧伙伴合作练习

选择一个开场段子

按照上一节中的指导方针，浏览"我的演出内容：成品段子块"和"按话题分类的半成品段子"部分的所有段子，同时也要查看你"想法"文件夹中的晨间写作和语音转录文本，选择一些段子作为你的开场段子。如果你不确定，没关系，随便选择几个，先让你演出的开场位置有个段子就行。

站在你的喜剧伙伴面前，试试这些练习：

1. 挑出几个你认为适合开场的段子。应该选那种能够给你的演出定下基调的段子。可以是一个关于你自己或观众的段子。

2. 练习让观众为两件显而易见的事情鼓掌。然后练习以自然的方式顺滑切入你的开场段子。

3. 接下来，让你的喜剧伙伴在你走上舞台时喊出一些意外情况，你要马上做出反应。例如：

• 观众的电话铃声响了；

• 上一个演员贬低了女性，而你是女演员；

• 服务员掉了个玻璃杯；

- 第一排所有人都起身走出去了；
- 场地温度太高了；
- 观众中有一伙人是来开婚前单身派对的（活跃过度）；
- 主持人说错了你的名字。

4. 即兴反应后，练习进入你的第一个段子。如果过渡的感觉不自然，那么尝试用不同的段子来开场。

5. 将你目前确定的开场段子加到此练习册的第 4 章"段子顺序表"中。

练习 27：回收笑点，精彩结尾

【伙】喜剧伙伴合作练习

看看你现有的段子。哪些段子是你想用来开场，或者一定会在演出的前几分钟讲出来的？你认为在演出后期或者结尾时重复哪些单词、短语或话题会很好笑？和你的喜剧伙伴一起想一些使用回收笑点的方案。（请参考《脱口秀演员的 48 项修炼》中的示例。）

开场段子：

_____

_____

稍后要重复的单词、短语或话题：

_____

_____

回收笑点的方案：

_____

_____

开场段子：

稍后要重复的单词、短语或话题：

回收笑点的方案：

开场段子：

稍后要重复的单词、短语或话题：

回收笑点的方案：

练习 28：准备好——列表的乐趣

【伙】喜剧伙伴合作练习

接下来练习放松状态，很多脱口秀俱乐部会将这个练习作为演出形式使用，那是一种名为"段子列表——无边界爆笑"的演出。

以下是一个示例列表。用态度对这些话题发起进攻，从中推导出前提（观点或洞察），然后进行呈现或反转。

说说为什么这些话题很困难、奇怪、可怕或愚蠢：

- 在你已破产时去购物；
- 挑选文身图案；
- 女子网球；
- 名人婚礼；
- 年纪大了之后的约会；
- 大学食堂的食物；
- 住在宿舍里；
- 作为素食者和吃肉的朋友一起吃饭；
- 保持清醒，但你的朋友已经喝醉了；
- 甜甜圈的孔；
- 和家人一起过节日；
- 狗睡在你的床上；
- 人生教练。

当你放松时，你可能会发现你正在当场写一些最棒的段子。因此，要给你的练习内容全程录音，并捕捉你最喜欢的反应（要坚持做这件事），然后在晨间写作时把你喜欢的部分整理成文字版。

练习 29：组织段子顺序表

【伙】喜剧伙伴合作练习

把你的成品段子整理成一组顺序列表。

1. 创建代号。
2. 整理你的段子顺序表。
3. 编辑你的段子顺序表。
4. 记清楚你的最后一个段子及其长度。

把你的段子顺序表写到此练习册的第 4 章"段子顺序表"中。

练习 30：记牢演出内容

带着你的段子块去散步。

根据《脱口秀演员的 48 项修炼》中的具体说明完成此练习。

练习 31：探索你的喜剧人格

让我们探索一下是什么让你独一无二，并学习如何扩展你与众不同的特征。

在以下词语中选择两三个可以用来描述你的：

□ 爱操心的	□ 书呆子	□ 尴尬的
□ 乐观的	□ 失败者	□ 迟钝的
□ 爱讽刺的	□ 闲散的	□ 啦啦队队长型的
□ 易怒的	□ 马屁精	□ 害羞的
□ 害羞的	□ 脆弱的	□ 科技极客
□ 关心政治的	□ 好色的	□ 懒惰的
□ 阴暗的	□ 赶时髦的	□ 犹豫不决的
□ 反叛的	□ 神经质的	□ 爱恶作剧的

1. 利用上面你选择的两三个性格特征来写新段子。问问你自己，作为一个（插入你的性格特征）的人，有什么事是困难的 / 奇怪的 / 可怕的 / 愚蠢的？

针对这些性格特征写一些新段子。如果你没有任何灵感，尝试不同的性格特征和 / 或态度。如果有任何有潜力的段子，写在下面。

2. 看看你的衣柜，什么样的服装能显示出你的喜剧人格？

_____
_____
_____
_____
_____
_____
_____

练习 32：与观众互动

在研究了与观众互动的各种技巧之后，在你的段子顺序表中标记一个点，你将在下次演出在台上讲到这里时，与观众一起即兴创作内容。

首先，确定你想互动的观众是否愿意参与。观众会有自己的个性，有些观众，就像第一次约会的对象一样，不想参与其中。

在你现场即兴创作之后，要有足够好的段子可以用。

如果你仍然感到不适应，那就参加即兴表演课来练习"是的，而且……"技术，或者加入当地的头马（Toastmasters）俱乐部，那是学习即兴表演的另一种好方法。

练习 33：准备反击捣乱者

【伙】喜剧伙伴合作练习

练习讲你的演出内容，而你的喜剧伙伴负责给你捣乱（捣乱方式参见《脱口秀演员的 48 项修炼》中的说明）。按照以下方式与你的喜剧伙伴 / 捣乱者进行对话：

1. 重复捣乱者的话——这样所有观众都能听到捣乱的人说了什么。
2. 问捣乱者一个问题——这会给你一点时间思考如何反击。
3. 给出好笑的反击。

想出五个原创的反击并记录在下面。

1. _____
2. _____
3. _____
4. _____
5. _____

练习 34：精确计时

【伙】喜剧伙伴合作练习

练习计时。要明白你排练确定的计时结果在实际的俱乐部环境中会因与观众互动和观众的笑声时长不同而大不相同。排练从你演出内容的不同位置过渡到你的最后一个段子。

练习 35：计算笑声次数

把你的段子顺序表放在面前，听自己的演出录音。用从 0 到 5 的点数在每个段子旁边记下观众对各个笑点的反应，具体标准参见《脱口秀演员的 48 项修炼》。

1. 你获得的笑声点数，总数为：_____
2. 你的演出时长（分钟）：_____
3. 用第 1 行的数字除以第 2 行的数字，你的 LPM 得分结果是：_____

衡量此得分结果的标准参见《脱口秀演员的 48 项修炼》。

练习 36：修改演出内容

通过回答《脱口秀演员的 48 项修炼》中列出的问题，检查那些笑声点数只有 1 或 2 的段子，并在"我的演出内容：成品段子块"部分修改这些段子。

修改段子、上台试验，如是反复。

练习 37：救场段子

在练习 6 中，你写了一些可以在你忘词时用来救场的段子。在下方写出至少 5 个可以在你冷场时用来救场的段子：

1. _____
2. _____
3. _____
4. _____
5. _____

查看所有冷场建议，并选择你下次冷场时要讲的段子：

1. _____

2. _____

3. _____

4. _____

5. _____

练习 38：自嘲式开场

根据《脱口秀演员的 48 项修炼》中的说明，列举你自己最明显的不完美之处。

我的 5 个明显的外表或性格方面的缺陷是：

1. _____

2. _____

3. _____

4. _____

5. _____

将上面的 5 个缺陷分别通过下面这个简单的自嘲式公式进行加工：

1. "我……"插入你的一个明显或有点令人难为情的缺陷。

2. 接下来，添加只有一个词的评论，比如"真棒！"

3. 在段子的下一部分中，要解释为什么你宣称"真棒！"，句式是："嘿！（插入你的缺陷，如秃顶、肥胖、消极、感觉迟钝）也有优点……"

4. 现在列举至少 5 个理由,说明为什么拥有你的缺陷是真的有好处的。

   a. _____

   b. _____

   c. _____

   d. _____

   e. _____

5. 如果你能够对其中任何一个理由进行呈现,那么你将得到更大的笑声。

练习 39:对半混搭

回到你在"练习 8:找到真实话题"中创建的话题列表。

在该列表中添加:

1. 你的爱好和兴趣。

   _____

   _____

2. 你住过的地方。

   _____

   _____

3. 关于你的其他有趣花絮(害怕什么东西等)。

   _____

_____

_____

_____ .

查看此列表，将你的个人信息插入以下的混搭示例中：

"我出生在（插入地点），但现在我住在（插入另一地点），这意味着……"

"我做过（插入工作），还做过（插入另一工作），这意味着……"

"我一部分是（插入种族背景），另一部分是（插入另一种族背景），这意味着，我（插入混搭）……"

对不同的话题重复此方法至少 10 次，并记录你的答案。

完成后，选出其中最好笑的那些段子，将不太好笑的段子记录在你的"按话题分类的半成品段子"中，将最好笑的那些记录在"我的演出内容：成品段子块"中。

练习 40：对比段子

对比段子：他们与我

在这个段子中，将自己与比你更成功的人进行对比。

1. 选择一个当前的名人或公众人物，并呈现他最近的一篇发言或文章，要那种有成功人士味道的。

2. 做一个呈现，将你生活中的类似事物与名人进行对比。

用这个公式写两个段子：

（某名人）说（插入呈现）：_____。这是 _____（插入态度）的，因为我 _____。

a. _____

b. _____

对比段子也同样适用于制造反转，效果可能比呈现更好。

用这个公式写两个段子：

1. 在现在糟糕的经济环境下，听关于那些名人的奢侈生活的故事对我来说太难了。（插入一个名人和他的奢侈生活）天哪！换成是我的话 _____ 都算走运的了。

a. _____

b. _____

2. 听说这么多腐败政客逍遥法外，真是太可怕了。（插入公众人物及他逃脱了什么）换成是我的话 _____ 都算走运的了。

a. _____

_____

　　b. _____

_____

_____

3. 听到那些超级有钱人做的事情，感觉很奇怪。（插入一个有钱人及他做了什么）换成是我的话 _____ 都算走运的了。

　　a. _____

_____

_____

_____

　　b. _____

_____

_____

_____

对比段子：过去与现在

过去与现在的简单对比，可用于分享你注意到的随年代变化的事情。

现在，为下面的"过去与现在"的对比段子填写至少 3 种不同的答案。

1. 奇怪的是，变老会改变你在一段感情关系中想要的东西。以前我想要 _____（做一个呈现）。现在我想要 _____（做一个呈现）。

2. 经济状况确实改变了我的人生目标：以前我 _____（做一个呈现）。现在我 _____（做一个呈现）。

3. 当我第一次约会时，我想要的是 _____（做一个呈现）。现在我 _____（做一个呈现）。

对比段子：我的文化 / 家乡与你的文化 / 家乡

在下列空白位置填写至少 3 个不同版本的答案：

1. 换城市居住是很困难的，因为你熟悉的相同手势可以在新的地方有不同的解释。在我的家乡 _____。在这里（插入城市）_____。

2. 在全国各地/世界各地旅行，你会发现有些地方非常奇怪。比如在（插入城市）_____，而在（当前城市）_____。

练习 41：对话段子

1. 列出别人对你说过的 3 句蠢话，或者你听到名人说过的蠢话。

   a. _____

   b. _____

   c. _____

2. 根据你希望自己当时应该说的，或者别人应该说的，想出 3 个有趣的反驳。

   a. _____

   b. _____

   c. _____

3. 查看你的段子，看看你是否可以通过添加对话段子来扩展现有的段子。

_____

_____

练习 42：时事段子

【伙】喜剧伙伴合作练习

和你的喜剧伙伴一起，上网找到 3 个当前热门的新闻故事。然后使用以下 4 点中的前 3 点来即兴创作新材料：

1. 用愚蠢或怪异的言论开始一个段子。然后想出一个可能有人对他们说的反驳。

例如：

"今天，一位保守的基督教牧师说：'我竞选美国总统是因为上帝对我说话，让我来参选。'这很奇怪，因为上帝也对我说话了，说不要投票给他！"

另一个要和你的喜剧伙伴一起做的有趣练习，是你们中的一个人说出新闻中的一些事，另一个人想出一个好笑的反驳。

2. 通过将目标置于不同的环境下，或者将你的话题与某事或某人进

行比较,来创建一个混合段子。这些混合段子通常这样开头:

"你能想象如果……"

或者"这就好比……"

_____

_____

_____

3. 使用一个混合,想象这个段子的未来发展。混合可以是"你知道接下来会发生什么吗……"或者"你能想象如果……情况会是……"

_____

_____

_____

4. 在社交媒体上发布你的段子。社交媒体是寿命短暂的时事段子的完美目的地,而你也可能因此而被发掘!

练习 43:加入名人模仿秀

1. 列出你能模仿的名人列表。
2. 移除任何已去世或公众不再熟悉的人。
3. 现在,回到你在"练习 18:练习混合流程"中写的段子。

选择你现有的一个段子,并使用模仿作为结尾标签。使用导入语句,例如:"如果……"和"就像……"

4. 回到"练习 19:混合——从家人身上找笑点"。看看你是否可以添加一个短语:"想象如果我的母亲是……",然后做一个模仿/呈现,用一个名人来扮演你母亲。

___

___

___

___

练习 44:观察式段子

【伙】喜剧伙伴合作练习

在接下来的三天里,记下你注意到的关于人、地点和事物的所有小细节。那些让你觉得困惑的事情很可能会成为好段子的素材,那些让你觉得困难的、奇怪的、可怕的或愚蠢的事情也一样。

把你的话题通过脱口秀段子结构写出来:

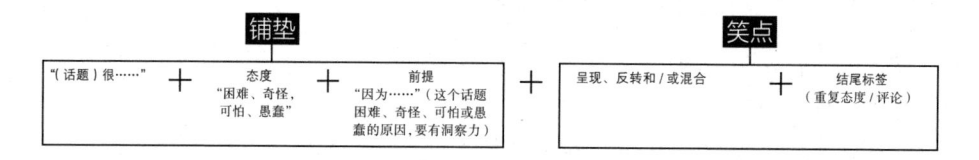

铺垫			笑点	
"(话题)很……"	态度 "困难、奇怪、可怕、愚蠢"	前提 "因为……"(这个话题困难、奇怪、可怕或愚蠢的原因,要有洞察力)	呈现、反转和/或混合	结尾标签 (重复态度/评论)

(连接符:+ + + +)

现在,与你的喜剧伙伴一起尽情发泄情绪,并试验至少十个观察式段子,以获得呈现、反转、对话段子或对比段子。把它们写到你练习册的"按话题分类的半成品段子"中。

练习 45：在台上即兴创作

通过即兴发挥，有时一个不经意的评论可能会扩展成一整个段子块的内容。查看你的原创段子，并添加任何能获得笑声的内容，以扩展你的成品段子。

练习 46：不情愿的承认

浏览你在练习 8、9 中列出的话题、子话题和微话题，并选择其中五个你的特征来夸大并变成不情愿的承认。为这五个特征中的每一个写出至少两种版本的不情愿的承认。完成后，将你最好的那些段子从"练习"文件夹中移动到"按话题分类的半成品段子"中，最终将修改完成的段子移动到"我的演出内容：成品段子块"部分。

你的特征：

1. 自信而坚定地撒谎

_____

2. 犹豫地承认上一句话是谎言

_____

3. 尴尬地承认谎言，并说出实情

_____

4. 大声说出标签，例如"随便吧！"或"接着往下说！"

_____

为你的五个特征中的每一个分别写出两种不情愿的承认。

_____
_____
_____
_____
_____
_____
_____
_____

练习 47：术语歪解

参阅《脱口秀演员的 48 项修炼》获取说明。

术语	可呈现出烦人之处
社交	我假装对你说的话感兴趣，这样你有生意的时候会想到让我做

完成列表后，请用以下公式尝试歪解每个术语：

"你们可能不知道，但 _____（插入术语）实际上是一个 _____（插入语言名，可以是拉丁文、意第绪语、波斯语、古埃及语等）单词，它的意思是 _____（插入好笑的新定义，要激起观众共同的挫折感，并有呈现）。"

在下面写出几个例子：

"你们可能不知道，但 _____（插入术语）实际上是一个 _____（插入语言名，可以是拉丁文、意第绪语、波斯语、古埃及语等）单词，它的意思是 _____（插入好笑的新定义，要激起观众共同的挫折感，并有呈现）。"

"你们可能不知道，但 _____（插入术语）实际上是一个 _____（插入语言名，可以是拉丁文、意第绪语、波斯语、古埃及语等）单词，

它的意思是 _____（插入好笑的新定义，要激起观众共同的挫折感，并有呈现）。"

"你们可能不知道，但 _____（插入术语）实际上是一个 _____（插入语言名，可以是拉丁文、意第绪语、波斯语、古埃及语等）单词，它的意思是 _____（插入好笑的新定义，要激起观众共同的挫折感，并有呈现）。"

练习 48：烦人的缩略词

参阅《脱口秀演员的 48 项修炼》获取说明。

缩略词	与缩略词中的各个字母相匹配的烦恼

把你选中的缩略词用这个段子结构写出来：

"你们知道吗，_____（插入首字母缩略词）实际上的意思是，_____（插入与该缩略词各字母相匹配的烦人解释）。"

第 2 章
按话题分类的
半成品段子

这里是临时存放你那些"几乎可以算是好笑"的段子的地方。

将你在练习和晨间写作中产出的任何段子转移到这里。当你觉得一个段子已经修改到足够好的时候,把它复制到"我的演出内容:成品段子块"中。

> "创作的关键不是直接写出超级棒的段子,而是坚持写下去。我曾经有个段子在上台表演前修改了两年。"
>
> ——杰瑞·宋飞(Jerry Seinfeld)

话题 1

你关于此话题的原始材料:

_____

_____

_____

_____

_____

_____

_____

_____

_____

_____

> 请记住,一个话题越严肃,你就越有可能让它变得非常好笑。
> ——朱迪·卡特

话题 2

你关于此话题的原始材料:

> 对我来说，最好的脱口秀就是让人们对他们从未发笑过的事情发笑，让一束光照到人们心灵里的黑暗角落。
>
> ——比尔·希克斯（Bill Hicks）

> 当你停止强行试图搞笑并开始专注于沟通为什么一个话题会惹恼你时,你就获得了创作自由。
>
> ——朱迪·卡特

话题 3

你关于此话题的原始材料：

> 在写前提时，不要只写出一个就觉得自己完成了。针对同一个话题写多个前提，当你觉得你已经写完了，尝试写更多。
>
> ——朱迪·卡特

> 反转必须是合乎逻辑的。即使你把段子导向了一个完全不同的方向,但你开始和结束时所表现的情境之间一定是有联系的,反转必须合理。
>
> ——朱迪·卡特

话题 4

你关于此话题的原始材料：

> 把话题推到比你想象的极限还要远的地方。超出预期。这就是人们发笑的原因——意料之外。
>
> ——朱迪·卡特

> 了解你的观众，建立一座桥梁，让你的生活与他们的生活交汇。先通过谈论困扰观众的事情与他们建立情感连接，然后再开始谈论你自己的问题。
>
> ——朱迪·卡特

话题 5

你关于此话题的原始材料：

> 脱口秀的重点不是选择好笑的话题；正好相反，重点是如何把普通的话题变好笑。
>
> ——朱迪·卡特

话题 6

你关于此话题的原始材料:

> 表演呈现时，面向观众或与观众成 45° 角。这种舞台站位有助于区分你和你所呈现的角色。不要完全转向侧面，让观众只能看到你侧脸，那样看起来很业余。
>
> ——朱迪·卡特

> 一个脱口秀演员在舞台上谈论的任何东西，都是他们在台下现实生活中也会谈论的。
>
> ——莎拉·西尔弗曼（Sarah Silverman）

。

> 因为每个人都要处理家庭问题，所以拿你最亲近的家人开玩笑是与观众建立情感连接的可靠方式。
>
> ——朱迪·卡特

话题 7

你关于此话题的原始材料:

> 脱口秀演员就是用自己经历的一切倒霉事儿来逗人发笑。
> ——克里斯·洛克（Chris Rock）

> 音乐家学习音阶,艺术家学习构图,脱口秀演员需要学习段子结构。它将为你节省至少五年的上台试错时间。
>
> ——朱迪·卡特

话题 8

你关于此话题的原始材料：

> 利用你职业生涯早期的时间探索你感兴趣的话题,并尝试不同的表演风格。当观众们与你的表演中真实而爆笑的氛围产生连接时,他们会识别出你的喜剧人格。
>
> ——朱迪·卡特

> 在我的工作坊里，那些对自己的段子或表演水平深信不疑的脱口秀演员往往效果不尽人意。观众通常会更喜欢那些更真实，愿意暴露自身的脆弱和不安全感的脱口秀演员。
>
> ——朱迪·卡特

话题 9

你关于此话题的原始材料:

> 有种想法认为，段子从你的嘴里冒出来的时候就应该已经完全成型。这种想法是必定会毁掉你创造能力的过度期望。如果你内心有个挑剔的批评家在评判你，让他滚蛋吧！
>
> ——朱迪·卡特

话题 10

你关于此话题的原始材料：

> 我可以诚实地说，在讲了关于我妈妈去世的段子之后，我放下了最大的心理压力。讲脱口秀是我的心理治疗。这就是我处理问题的方式，我个人的心理斗争。我谈论问题。我把问题告诉我的粉丝。当他们因此而发笑时，我的心理负担也得到了释放。
>
> ——凯文·哈特

> 一些最好的回收笑点是你现场想到的。演出时要对所有的可能性保持开放心态。
>
> ——朱迪·卡特

第 3 章
我的演出内容：
成品段子块

这里保存你那些打磨好的段子。它们可能经历了漫长的修改旅程才晋升为成品段子。用你的脱口秀生命守护这些段子！

段子块 1

我的演出内容：成品段子块

段子块 1

> 对我来说，喜剧始于一种情绪的喷发、爆炸，然后你从这个爆发点开始加工，如果需要的话。喜剧来自人性更深、更黑暗的一面……虚伪存在于任何地方，就连你的内心都有虚伪——自己内心的虚伪是最难发现的。
> ——罗宾·威廉姆斯（Robin Williams）

段子块 2

我的演出内容：成品段子块

段子块 2

> **警告！不要对着朋友练习你的段子。**
> 以前有个学生原本有很好的演出内容，然后他试着给他的朋友们讲了。他们不喜欢这些内容，并给了他新的建议。在我们的班级展示演出上，他讲了关于性的恶心段子，并彻底冷场了。脱口秀和在朋友聚会上讲段子不是一回事。与你的喜剧伙伴一起练习，并信任他们。
>
> ——朱迪·卡特

第 3 章　我的演出内容：成品段子块

段子块 3

我的演出内容：成品段子块

段子块 3

> 我的第一个脱口秀老师说，我应该谈论那些让我充满激情的事——不管是爱或恨——因为观众喜欢看到激情。我在台上大声怒斥的那些东西，都是真正惹恼了我的。
>
> ——丽莎·兰帕内利（Lisa Lampanelli）

段子块 4

我的演出内容：成品段子块

段子块 4

> 我不会说："我要写个段子。"我只是走入真实世界，观察生活。感觉就像我锻炼了大脑中负责观察发现事物的部分，所以我现在不需要刻意去寻找那些好笑的东西，而是会自然而然地注意到它们。
>
> ——史蒂芬·赖特（Stephen Wright）

第 3 章 我的演出内容：成品段子块

段子块 5

我的演出内容：成品段子块

段子块 5

> 喜剧写作是一件你看不见别人当面做的事。它是秘而不宣的。
>
> ——杰瑞·宋飞（Jerry Seinfeld）

段子块 6

我的演出内容：成品段子块
段子块 6

> 如果你的段子中缺少态度，那就放一个进去。你不一定要直接说出态度词：困难的、奇怪的、可怕的、愚蠢的，但你必须在每个段子全程传达出你的态度。你的态度越直接越明确，你得到的笑声就越多。
>
> ——朱迪·卡特

段子块 7

我的演出内容：成品段子块

段子块 7

> 逐字写出一个你最喜欢的段子，一次写一句话。每写完一个句子后，分析这个句子的每一个单词。为什么这些词句有效？单词的音节如何创造节奏？这些句子如何为笑点做铺垫？脱口秀的语法是什么？
>
> ——加里·古尔曼（Gary Gulman）

段子块 8

我的演出内容：成品段子块

段子块 8

> 你的结尾通常是你最好笑的段子,而且往往也是你最成人的段子。所以,如果你确实有与性相关的段子,把它留到最后。
> ——朱迪·卡特

第 3 章　我的演出内容：成品段子块

段子块 9

我的演出内容：成品段子块

段子块 9

> 一些新手试图在写段子之前先确定自己的喜剧人格。他们想成为'特雷弗·诺亚（Trevor Noah）型'或'蒂娜·菲（Tina Fey）型'。成为你自己这一型怎么样？毕竟，这个类型以前肯定没人做过。
>
> ——朱迪·卡特

段子块 10

我的演出内容：成品段子块

段子块 10

> 如果你的最后一个段子时长是 30 秒，你需要能够从你段子顺序表上的任何位置完美过渡到最后一个段子。练习从你的演出内容中间切到最后一个段子。你会发现，如果希望在职业生涯中总能按时结束演出，这种技术必不可少。
>
> ——朱迪·卡特

第 4 章
段子顺序表

这里是你的段子顺序表等待上场的地方。根据观众类型和你的时长为演出组织不同的段子顺序。

时长 3 分钟

> 舞台经验无可替代。当你失败时,下次上台再次尝试。留下那些有效的段子,删掉或修改那些无效的段子。段子成功的秘诀就是冷场,再试,哭,再试,吃块比萨,再试,重复这一过程,不要放弃!
>
> ——朱迪·卡特

时长 5 分钟

> 脱口秀的段子要有情境的变化,你开始段子时所暗示的情境不是你结束段子时实际指向的情境。反转是一次朝观众意料之外方向跳跃的惊喜转折,这种惊奇感会让观众笑出来。
>
> ——朱迪·卡特

时长 10 分钟

> 大多数刚入行的脱口秀演员认为，一个段子中最重要的部分是笑点。不对。最重要的是铺垫部分，如果你在段子开头的铺垫部分不能把观众吸引进来，段子结尾处观众就不会感同身受地笑出来。
>
> ——朱迪·卡特

时长 15 分钟

> 在笑声中低头看段子顺序表会缩短笑声持续的时间。当观众大笑时要和他们在一起,这是至关重要的。一些脱口秀演员在他们的段子顺序表旁放一杯饮料,作为低头的借口。
>
> ——朱迪·卡特

时长 30 分钟

> 喜剧是团结的工具。喜剧是一种搂着另一个人,指着某样东西,然后说:"我们一起做那个一定很好笑吧?"的方式。喜剧是一种伸出援手的方式。
>
> ——凯特·麦金农(Kate McKinnon)

时长 60 分钟

> 不要在镜子前练习你的演出内容。冷知识：脱口秀俱乐部里没有镜子。在镜子前练习你的演出内容，唯一的结果就是让你更沉浸于自我意识。练习的时候最好想象观众就在你眼前，而不是看着你自己。
>
> ——朱迪·卡特

全干净段子

> 在讲完段子的笑点之后,保持态度一致——无论你以哪种态度开始这个段子,只需要在段子结束时重复这种态度就行。
>
> ——朱迪·卡特

主题活动

主题：

主题：

主题:

第 5 章
晨间写作

晨间写作：连续 31 天保持不中断

> "除了你自己，没有人能阻止你努力。如果你自己不努力，那你活该。"
>
> ——达蒙·韦恩斯（Damon Wayans）

停止拖延症的方法步骤包括：

- 一幅大号年历（没错，就是纸质的年历，挂在墙上，每天正对着你）
- 一支红色马克笔（没错，实体书写工具，在年历上做记号用）
- 一本笔记本（或者你的电脑、平板电脑——总之就是你最顺手的书写工具）
- 一个计时器

准备好以上东西后，每天早上：

- 用计时器倒计时 10 分钟（到时间之后也可以继续写，但是到时间之前不准停下来）
- 不停地写，没有下不为例，写下你所有的想法，哪怕你能想到的只有"我什么可写的东西都想不出来……"
- 不要强行搞笑，只需要记录任何你想到的东西。
- 给年历上今天的日期打个叉做记号。
- 完成。

> 宋飞让我找一幅大号年历，一整年的日期都在同一页上那种，挂在家里墙上最醒目的位置，再准备一支红色马克笔。他说，在我完成写作任务的每一天，我都可以在那一天的日期上画一个大红叉。几天后，这些红叉将连成一根链条。只要坚持下去，这根链条就会越来越长。你会喜欢看到这根链条，特别是当你已经坚持了几个星期之后。接下来你唯一的任务就是不能让你的创作链条中断。
>
> ——布拉德·艾萨克（Brad Isaac）

每一天完成至少 10 分钟写作后在日期上画红叉记号

月份：　　　　　　　　　　　　　　（日历各列第一行的星期标识）

日	一	二	三	四	五	六

不要让创作链条中断！

第1天　日期：

> 写下任何你想到的东西，或者使用本练习册每天开始位置的写作提示。

"别人对我说了些蠢话，我真希望自己当时的回复是……"

第 2 天 日期：

"如果我的衣服能说话，它们会说……"

> 早晨起床喝咖啡之前，先开始写！把所有东西都记录下来，包括你的观察、想法和梦境。晨间写作的目标不是搞高雅艺术，而是获得更清晰的头脑、更好的想法和避免焦虑。从现在开始！
> ——朱迪·卡特

第 3 天　日期：

"如果神要给我关于情感关系的建议，我会听到……"

第 4 天　日期：

"我的第一次亲吻（或恋爱、婚姻等）很奇怪，因为……"

> 喜剧伙伴会让你对每周的讨论和创作任务有责任感,并对创作成果保持关注。你的喜剧伙伴不仅是支持你帮助你的人,他们也是你能完成这项工作的原因。
>
> ——朱迪·卡特

第5天　日期：

"我父母最奇怪之处在于……"

> 拿家人讲段子的基本原则是,首先要声明你爱他们的基本立场。例如:"我爱我的妈妈……她是个好妈妈……但她有点疯狂……"只有这样,你才能开始说他们的烦人之处。
>
> ——朱迪·卡特

第6天　日期：

"我的看法发生了变化。过去我认为……，而现在我认为……"

> 做真实的自己是最难的,特别是当每个人都在看着你的时候。
>
> ——戴夫·查普尔(Dave Chappelle)

第 7 天　　日期：

"变老这件事的困难之处在于……"

> 生活会给你机会，你要么抓住机会，要么因恐惧而自己错过机会。
>
> ——金·凯瑞（Jim Carrey）

第 8 天　日期：

"关于我的宠物，最可怕的问题是……"

第 9 天 日期：

"你能想象我这样的人怎么当家长吗？这就好比……"

第 10 天　日期：

"我这个年纪的人想要跟别人约会很难，因为……"

> 成功的写作来自汗水而非灵感。不要让你的焦虑、与伴侣的争吵、糟糕的一天工作或昨晚的聚会影响你完成每天坚持写作的计划。事实上，当你写作时，你很可能会发现上述的那些烦恼都变成了段子的素材。
>
> ——朱迪·卡特

第 11 天　日期：

"人们对最好的朋友的期待很奇怪，因为……"

第 12 天　日期：

"现在的时事新闻很可怕,因为……"

> 你的喜剧人格就是在舞台上做最真实的自己。喜剧人格是你独特的讲段子方式。
>
> ——朱迪·卡特

第 13 天　日期：

"约会 / 婚姻生活很困难，因为……"

第 14 天　日期：

"我的身体很可怕,因为……"

> 我已经达到了这样一种心理状态：如果我没有在做冒险的事，我就不开心。我需要感受到自己的恐惧，这样我才能确定自己正在迎接挑战。
>
> ——金·凯瑞（Jim Carrey）

第15天　日期：

"成年人的生活很难，因为……"

第 16 天　日期：

"关于年龄的刻板印象很愚蠢，因为……"

第 17 天　日期：

"关于我的工作，最奇怪的事情在于……"

> 从脱口秀开始，你能得到很多不同的机会，我最先遇到的机会是做演员。而你的机会从演出到成为电视名人、广播名人、编剧、制片人，又或者只是成为一个有远见的人，或者配音演员都有可能。
>
> ——凯文·哈特（Kevin Hart）

第 18 天　日期：

"想要知道应该离开还是留下是很难的，因为……"

第 19 天　日期：

"假期很奇怪,因为……"

> 要想停止拖延，最好的动力就是对当众出丑的恐惧。
>
> ——朱迪·卡特

第 20 天　日期：

"你知道你的情感关系已经结束了，当你……"

> 即使你并不想成为一个全职的脱口秀演员,学习如何创作和表演脱口秀也能帮助你获得很多工作机会。
>
> ——朱迪·卡特

第21天　日期：

"从（另一个城市名）搬到（当前所在的城市名）生活很奇怪，因为……"

第 22 天　日期：

"我真是太蠢了，不该说……"

> 学习脱口秀最重要的是从你真实的自己开始。如果你通过模仿别人的节奏来开始学习过程，你会更快获得笑声，但你不会是独一无二的。
>
> ——丽塔·鲁德纳（Rita Rudner）

第23天 日期：

"有件事很难承认：……"

第 24 天　日期：

"我最难以启齿但又不得不对（配偶、孩子、父母）说的事情是……"

> 人们可能会认为我在通过讲故事来尝试新的东西,但它们只是多个段子互相连接起来,给人以故事的错觉。
>
> ——史蒂芬·赖特(Stephen Wright)

第25天　日期：

"真是太难了，我看向镜子里的自己，看到……"

第 26 天　日期：

"我最愚蠢的一次打架是因为……"

第 27 天　日期：

"关于生活,最可怕的事情是……"

第28天　日期：

"让我印象最深刻的失败经历是……"

第29天 日期：

"我凌晨三点醒来，意识到……"

> 跟随你的热情，对自己保持坦诚，永远不要跟随他人的道路。除非你是在树林里迷路了，看到了一条小路，这时候你无论如何都只能跟着这条路走了。
> ——艾伦·德詹尼丝（Ellen DeGeneres）

第 30 天　　日期：

"我人生中最可怕的一天是……"

第 5 章 晨间写作

第 31 天　日期：

"我犯过的最大的错误是我……"

> 在你探索人生时,要对与他人合作持开放态度。大家的想法往往比你一个人的想法更好。找到一群能挑战和激励你的人,多和他们在一起,这将改变你的生活。
> ——艾米·波勒(Amy Poehler)